Die Reise nach Manoppello

Eine Dokumentation

herausgegeben von
Markus van den Hövel

April 2019

Die Reise nach Manoppello

Für "Ludwigs Fortbildungsrunde"

Dr. med. Björn A.
Dr. med. Berthold F.
Dr. jur. Markus van den Hövel
Prof. Dr. med. Aeneas M.
Prof. Dr. med. Jochen M.
Dr. med. Ludwig R.
Prof. Dr. med. Rudolf S.

Bibliografische Information der Deutschen Nationalbibliothek:
Die Deutsche Nationalbibliothek verzeichnet diese Publikation
in der Deutschen Nationalbibliografie; detaillierte bibliografische
Daten sind im Internet über dnb.dnb.de abrufbar.

© 2019 Markus van den Hövel

Herstellung und Verlag: BoD – Books on Demand, Norderstedt

ISBN 978-3-7322-3327-4

Inhaltsverzeichnis

Literaturverzeichnis		07
Vorwort		11
01. Kapitel:	Weihnachtsmeeting	19
02. Kapitel:	Grillabend	23
03. Kapitel:	Flug nach Rom	27
04. Kapitel:	Die "Veronika" im Petersdom	35
05. Kapitel:	Manoppello	45
06. Kapitel:	Rückkehr nach Bochum	61
07. Kapitel:	Fakten zu Manoppello	63
08. Kapitel:	Von Jerusalem nach Manoppello	91

Literaturverzeichnis

Aszyk, Karolina / **Treppa,** Zbigniew, The Manoppello-icon - the prototype of images of Christ, Danzig 2014.

Badde, Paul, Das Göttliche Gesicht im Muschelseidentuch von Manoppello, Christiana-Verlag 2017.

Badde, Paul, Die Grabtücher von Turin und Manoppello, Berlin 2014.

Badde, Paul, Jesus in seinen Grabtüchern, Kißlegg 2015.

Badde, Paul, Von Angesicht zu Angesicht, Kißlegg 2017.

de Caro, Liberato, **Matricciani,** Emilio, **Fanti,** Giulio, Imaging Analysis and Digital Restoration of the Holy Face of Manoppello - Part I, in: Heritage 2018, *I* (2), 289-305.

Dietz, Karlheinz u.a., Das Christusbild, Würzburg 2016.

Ermel, Gisela, Das Schleiertuch von Manoppello, in: Sagenhafte Zeiten, Nr. 1/09, Beatenberg 2009.

Hesemann, Michael, Das Bluttuch Christi: Wissenschaftler auf den Spuren der Auferstehung, Herbig-Verlag 2010.

Hesemann, Michael: Mysterium – Ungelöste Rätsel der Christenheit; Band 1: Nicht von Menschenhand – Marienerscheinungen und heilige Bilder, Bonifatius-Verlag 2015

van den Hövel, Markus, Das wahre Antlitz Jesu Christi – Das Grabtuch von Turin und das Schleiertuch von Manoppello, Be&Be 2010.

van den Hövel, Markus, Der Manoppello-Code, Norderstedt 2009 und Edition 2011.

van den Hövel, Markus, Der Manoppello-Code - Veronica Manipuli, Norderstedt 2013.

Husemann, Dirk, Die archäologische Hintertreppe, Ostfildern 2007.

Jaworowski, Jan S./**Fanti,** Giulio,
3-D-Processing to Evidence Characteristics represented in Manoppello Veil,
in: www.shroud.com/pdfs/jaworski.pdf

Di Lazzaro, Paolo (Chair/Editor)**,** Proceedings of the International Workshop on the Scientific approach to the Acheiropoietos Images, 2010.

Nolte, Markus, Von Angesicht zu Angesicht,
Münster 2008.

Resch, Andreas, Das Volto Santo oder das Geheimnis von Manoppello,
Die Veronika",
in: www.igw-resch-verlag.at/aktuelles).

Resch, Andreas, Der Schleier von Manoppello, Das Antlitz Christi – Die Veronika,
in: www.igw-resch-verlag.at/ resch/artikel/manoppello.html.

Sammaciccia, Bruno, Il Volto Santo di Gesu a Manoppello, Pescara 1978.

Schlömer, Blandina Paschalis, Der Schleier von Manoppello und das Grabtuch von Turin, Innsbruck 2001.

Schlömer, Blandina Paschalis, Il Volto della Parola – Gesú Jesus – Das Gesicht des Wortes,
Palumbi 2010.

Schrader, Cornelia, Vor dem Angesicht,
Berlin 2006.

Vorwort

Fünf Mediziner und ein Jurist machen sich auf die Suche nach dem größten Wunder auf der Erde. Sie begeben sich auf eine Reise nach Italien, tief in die Abruzzen.
Kann das gutgehen?
Es ging nicht nur gut, es ging sehr gut, es wurde ein unvergessliches Erlebnis. Darüber berichte ich.

Diese kleine Schrift dokumentiert die Reise von fünf Medizinern und einem Juristen nach Manoppello Ende Oktober 2015.

Am Anfang ist es (nur) eine Idee, die die beiden Chefärzte Aeneas M. und Jochen M., anerkannte Medizinprofessoren für Kardiologie und Gefäßchirurgie einer großen Uniklinik auf einer gemeinsamen Wochenendtour in Würzburg zusammen mit ihrem angestammten Ärztekreis hochqualifizierter Mediziner aus verschiedenen Fachrichtungen an einem lauschigen Abend bei einem guten Glas Wein entwickeln. Dieser Ärztestammtisch trifft sich regelmäßig zweimal im Monat bei Ludwig, der mit seinen stets grandiosen Abendessen bei vorzüglichem Wein sich und seine Freunde, seine medizinischen Gäste - "die Ärzte" - regelmäßig zu mentalen Höchstleistungen über alle zeitgenössischen Probleme dieser Welt anspornt. Einmal im Jahr ist jeweils eine verlängerte Wochenendtour geplant.

"Gibt es Wunder in unserer heutigen Zeit? Wenn ja: lassen sich diese aufspüren und nachvollziehen? Gibt es jedenfalls spirituelle Erfahrungen? Oder ist das Wunder von heute nur die Wissenschaft von morgen?"

So beginnt (sinngemäß) das Gespräch in Würzburg ...und irgendwann kommt an diesem Abend nach dem wechselseitigen Austausch spritueller Erfahrungen in dem bezaubernden Frankenstädtchen die Sprache auf ein kleines hauchdünnes Tüchlein, aufbewahrt in einem kleinen Örtchen in den Abruzzen in der tiefsten italienischen Provinz. Dieser zarte Schleier zeigt ein Christusbild, um das sich seit einigen Jahren eine rege Kontroverse entzündet hat. Das Provinzstädtchen Manoppello ist seit dem Besuch des Papstes Benedikt XVI. am 1. September 2006 plötzlich in den Fokus der Weltöffentlichkeit gerückt.

Was hat es mit diesem geheimnisvollen Schweißtuch in Manoppello auf sich? Zeigt das "Volto Santo" genannte Tüchlein das "Wahre Antlitz" Jesu Christi? Handelt es sich um ein authentisches Christusbild, um das "vera icon", vom Volksmund in die "Veronika" uminterpretiert?

Nicht wenige behaupten inzwischen, dieses Gesicht auf dem hauchdünnen Stoff mit Fäden, dünner als ein Menschenhaar, sei "acheiropoietos", nicht von Menschenhand, gewissermaßen von Gott gezeichnet!
Ist das ein Wunder, das auch in der heutigen, modernen Zeit zwar nicht im Detail erklärbar, aber jedenfalls als solches erkennbar ist?
Aeneas M. erklärt: "Ich kenne da jemand, der von einem Wundertuch in Italien - einem Tuch mit einem Christusantlitz - berichtet und selbst vor Ort forscht... Er ist Jurist."

Daraus wird ein Auftrag. "Dann frage ihn doch mal..." Damit ist alles gesagt. Die Idee bekommt ein Gesicht, Aeneas M. spricht mich irgendwann an, denn er und Jochen M. und ihr illustrer Ärztekreis wollen mehr wissen ... und so wird der Kontakt zu dem Herausgeber dieser Schrift begründet ...

Und damit ein Wort zu meiner Person:
Als Jurist und Vorsitzender Richter einer Großen Wirtschaftsstrafkammer sind mir Aktenstudium und die nüchterne Erfassung juristisch relevanter Sachverhalte vertraut: Aber im Frühjahr 2006 lässt mich *ein* Buch nicht mehr los ... beinahe zufällig fällt mir das Werk des römischen, für die Tageszeitung "WELT" akkreditierten Vatikan-Journalisten Paul Badde, "Das Göttliche Gesicht", in die Hände. Darin stellt der Autor die unglaubliche These auf, es gäbe ein authentisches Christusbild auf feinster Muschelseide, in den Abruzzen befände sich das "vera icon", das legendäre Schweißtuch Christi, die "Veronika", von dem bereits das Johannes-Evangelium an exponierter Stelle im Auferstehungsbericht spricht. Es zeigt ein Gesicht, vollkommen transparent und doch in der Nahbetrachtung ohne Gegenlicht bis in alle Details erkennbar.

Für mich ist schnell klar: es geht in die Beweisaufnahme! Ortstermin! Diese These möchte ich an Ort und Stelle überprüfen.

Am 1. Mai 2006 besuche ich erstmals Manoppello.

Wenige Wochen zuvor kannte ich den Schleier noch nicht einmal ansatzweise und hatte auch noch nie ein Foto von ihm gesehen...

Nun stehe ich erstmals "live" am Hochaltar, blicke auf das zarte Tuch und überzeuge mich vor Ort von den Eigenschaften der faszinierenden Transparenz bis hin zur vollständigen Konturierung des Antlitzes in einem Bronzeschimmer, der sich bei Lichteinfall in einen zarten Goldton verwandelt, genauso wie es für Muschelseide, das "Gold der Meere", beschrieben wird. Einen Tag später schon sitze ich - ist es wieder Zufall (?) - bei Schwester Blandina Paschalis Schlömer im Arbeitszimmer und betrachte mit Staunen die eigentlich unglaubliche Übereinstimmung des Manoppello-Antlitzes mit dem berühmten Christusantlitz auf dem Turiner Grabtuch. Schwester Blandina Paschalis Schlömer lebt seit dem Jahre 2003 als Eremitin in Manoppello; ihre Forschungsergebnisse zu Turin und Manoppello, die sie akribisch seit Jahren zusammengetragen und versucht hat, namhaften Wissenschaftlern in aller Welt plausibel zu machen, haben maßgeblich zu der plötzlichen Bekanntheit und Bedeutung des Schleiers beigetragen. Sie zeigt mir vor Ort anhand ihrer computersimulierten "Sopraposition", wie kongruent die Gesichter bis in für das menschliche Auge unsichtbare Details sind, legt man sie (nur) virtuell übereinander. Als einen der ersten namhaften Experten hat sie den blitzgescheiten Jesuitenpater, Professor Heinrich Pfeiffer aus Rom, einen der herausragendsten Kenner christlicher Kunstgeschichte und Ikonografie, von ihrer Arbeit überzeugen können. Professor Pfeiffer, der auch in freier Rede stets druckreif doziert, hat seitdem in zahlreichen akademischen Vorträgen über das geheimnisvolle Christusantlitz referiert; der Journalist Paul Badde wiederum hat - nachdem er Professsor Pfeiffer auf einem Kongress zum Turiner Grabtuch im Jahre 1998 erstmals persönlich kennengelernt hat - diese Erkenntnisse in seinem in viele Sprachen übersetzten Buch weltweit publiziert und schließlich sogar Papst Benedikt XVI. und viele andere Pilger aus aller Welt in die Abruzzen zu dem Schleier geführt. Viele haben sich seitdem von dem Antlitz Christi berühren lassen, es hat vielfach ihr Leben verändert; aber es hat auch Kritiker auf den Plan gerufen, die von dem Ziel beseelt waren, die Entstehung des "Volto Santo", des Heiligen Gesichts auf dem hauchdünnen Tuch, zwanglos als Produkt kunstfertiger Tüchleinmalerei - "von Menschenhand" stammend - zu erklären. Denn das

Wunder kann es nicht geben, darf es nicht geben!
Inzwischen bröckelt die Zahl der Kritiker, ihre "Gegenargumente" schmelzen dahin wie Schnee in der Sonne ... Niemand kann seriös ein vergleichbares Objekt benennen, das den Schluss auf eine "natürliche" Entstehung zuließe und die Tüchleinmalerei-These verifizierte.

Auch ich habe meine Erlebnisse und Erkenntnisse vor Ort in zwei Büchern "Der Manoppello-Code" publiziert, die ich meinem Service-Clubfreund Aeneas M. einmal zum Lesen gegeben habe.

Mich hat diese unglaubliche Geschichte nicht mehr losgelassen...

Und so schließt sich der Kreis ...

Was daraus entstand, ist nun erstmals hier dokumentiert.

1. Kapitel: Weihnachtsmeeting

Der Service-Club, dem Aeneas M. und zur damaligen Zeit auch ich angehören, begeht im Dezember 2014 sein traditionelles Weihnachtsmeeting.
Etwa 100 Personen, Clubfreunde mit ihren Gattinnen bzw. Partnerinnen versammeln sich zum Gänseessen und weihnachtlich ritualisiertem Besinnungsprogramm im großen Saal eines bekannten Restaurants im Bochumer Süden. Es ist dicht gedrängt, so kann ich Aeneas überhaupt erst im Laufe des Abends begrüßen und mit ihm kurz kommunizieren.
"Ich muss Dich irgendwann mal sprechen", ruft er mir in dem Gedränge der Clubfreunde zu. "Es geht um Manoppello!"
"Okay", erwidere ich - etwas überrascht. "Gerne! Du kennst ja meine Telefon-Nummer".

Dann vergehen aber doch noch einige Monate, bis ich am 3. Mai 2015 eine e-mail von Aeneas erhalte.
Darin erfahre ich zum ersten Mal, dass er einer Art "Ärzte-Stammtisch" angehört, der auch etwas humorvoll als "Ludwigs Fortbildungsrunde" bezeichnet wird. Dieser

treffe sich nicht nur regelmäßig, sondern plane auch einmal im Jahr einen gemeinsamen Wochenendtrip. Man sei nun auf die Idee gekommen, in diesem Jahr - 2015 - Manoppello zu besuchen. Vielleicht könne ich ja Tipps geben, wie man am besten dorthin reise und in die Abruzzen komme, wo man in Manoppello wohnen könne und welche Möglichkeiten der Besichtigung des Muschelseidentuches es überhaupt gäbe.

Ich antworte unverzüglich noch am selben Abend und empfehle, zunächst nach Rom zu fliegen und von dort per Mietwagen auf die Ostseite des italienischen "Stiefels" zu fahren. Von Rom ca. 180 km entfernt, ist Manoppello über die nicht allzu stark frequentierte Abruzzenautobahn A 25 komfortabel in knapp zwei Stunden zu erreichen. In Manoppello empfehle ich die noble Villa Pardi als Quartier, die nur etwa 250 Meter vom "Santuario Volto Santo" entfernt an der Via Cappuccini liegt. Sodann biete ich an, ein Treffen mit Schwester Blandina oder auch Schwester Petra-Maria, die sich als deutsche Schwester eines kleinen Ordens "Vita Communis" inzwischen häufig in Manoppello aufhält und deutschsprachige Pilger und Touristen in der Kirche zum Volto Santo führt, zu arrangieren.

Einige Tage später erhalte ich eine weitere Nachricht von Aeneas. Er bedankt sich für die Tipps und fragt dann: "Kannst Du nicht einfach mitkommen"?

Ich bin erneut überrascht.
"Aber passt das denn?" frage ich zurück, "ein Jurist in eurer Ärzterunde. Wollt ihr das überhaupt? Sprengt das nicht eure homogene Truppe und damit den Wochenendtrip"?

"Nein, nein", erhalte ich postwendend zur Antwort, er habe das alles mit seinen Kollegen besprochen, sie alle würden das begrüßen! Wäre doch schön, wenn ich vor Ort dabei wäre als jemand, der Manoppello kenne.

Nun - kurz überlegt habe ich schon, aber mich doch rasch entschieden, das freundliche Angebot, Mitreisender in dieser hoch angesehenen Ärzterunde zu werden, anzunehmen und Rom und Manoppello aufzusuchen. Neben Aeneas kenne ich einen weiteren Mediziner in dem Kreis, Professor Rudolf S., mehrfach international ausgezeichneter Chef-Internist der Uniklinik. Den regelmäßigen Gastgeber der

Fortbildungsrunde, Dr. Ludwig R., niedergelassener Facharzt einer Praxis für Allgemeinmedizin in Kooperation mit der Uniklinik, kenne ich ebensowenig wie den pensionierten Chefarzt für Innere Medizin Dr. Björn A. sowie den oben schon erwähnten Chefarzt für Gefäßchirurgie, Prof. Jochen M., der im selben Universitätskrankenhaus wie Aeneas M. und Rudolf S. tätig ist.

2. Kapitel: Grillabend

Die Eckdaten stehen: Manoppello wird mit Rom kombiniert; die Tour soll Ende Oktober von donnerstags bis sonntags stattfinden. Und nach zwei Tagen und Nächten in Rom soll dann am Samstag und Sonntag der Ausflug in die Abruzzen nach Manoppello folgen. Entsprechend meinen Empfehlungen wird gebucht: zwei Nächte im Hotel "Michelangelo" in Rom in Reichweite des Petersdomes - das alternativ an der Via della Conciliazione in Betracht kommende stilvolle Hotel Columbus ist bereits ausgebucht - und eine Nacht in der gediegenen Villa Pardi in Manoppello.

Vorher soll sich die Reisegruppe aber in toto kennenlernen; Aeneas hatte mir zuvor versichert, es sei doch schön, wenn ich zu dem nächsten Treffen der Fortbildungsrunde dazukäme. "Wir wollen grillen", sagt er mir.

"Aber ich kann mich doch nicht selbst einladen", wende ich noch ein.

"Kein Problem", meint er, "ich sage Ludwig, unserem Dauer-Gastgeber, Bescheid. Er ruft dich an!"

Und tatsächlich erhalte ich schon kurze Zeit später den avisierten Anruf des Dauer-Gastgebers der Ärztefortbildungsrunde Ludwig R., verbunden mit der herzlichen Einladung, doch am nächsten Dienstag zum Grillabend zu kommen.

"Dann können Sie die ganze Truppe (eigentlich nennt er noch ein anderes Wort) mal kennenlernen und wir Sie! Ist doch ganz sinnvoll vor der Reise, dass wir uns mal beschnuppern. Die sind aber alle ganz in Ordnung!"

Ich zweifele daran nicht, danke für die Einladung und sage mein Erscheinen zu.

An einem warmen Frühlingsabend treffe ich die Reisegruppe erstmals beim Gastgeber Ludwig im Garten. Wir schnuppern die herrliche Luft gegrillter Steaks und Würstchen ... und zugleich beschnuppern wir uns ganz zwanglos. Wir sind uns - wirklich auf den ersten Blick bzw. schon mit dem ersten Glas Wein, der an dem Abend reichlich genossen wird - sympathisch.

Und so sprechen wir über die Erwartungen an unsere gemeinsam geplante Tour; ich bin positiv überrascht, dass die Ärzterunde schon viel Wissen über Manoppello und das geheimnisvolle Schweißtuch gewonnen und meinen "Manoppello-Code" nicht nur durchgeblättert, sondern tatsächlich gelesen hat.

Ich gewinne den Eindruck, dass sich die Runde in gespannter Erwartung wirklich auf die Tour freut, mögen auch die spirituellen Erwartungen bei jedem einzelnen durchaus unterschiedlich sein.

Aber alle haben ein Ziel: "wir wollen nach Manoppello!"

3. Kapitel: Flug nach Rom

Und dann geht es irgendwann los, Hotels und Flüge sind gebucht. Am letzten Donnerstag im Oktober treffen wir uns zur Frühstückszeit im Düsseldorfer Flughafen, alle sind gutgelaunt in freudiger Erwartung. Ich verteile noch einige schriftliche Infos zu Manoppello, wir frühstücken noch vor dem Boarding, genießen Schinken und Spiegeleier, und freuen uns auf die Reise.
Schließlich geht es an Bord, wir heben ab und lassen Düsseldorf hinter uns ... Bella Italia, wir kommen!

Und gegen Mittag landen wir planmäßig in Rom, nehmen noch im Flughafengebäude zur Einstimmung auf unsere "Bella-Italia-Gefühle" den ersten Cappuccino ein, holen die angemietete Großraumlimousine vom "Car Rental-Schalter" ab, und Rudolf steuert das große Vehikel unerschrocken und souverän durch den römischen Verkehr in Richtung Via Aurelia, Citta del Vaticano. Denn unser Hotel "Michelangelo" liegt in der Via della Stazione di S. Pietro und damit gewissermaßen im Schatten des Petersdomes, der von dort zu Fuß in drei Minuten zu erreichen ist. Unsere Zimmer haben den

Balkon jeweils mit Blick auf die mächtige San-Pietro-Kuppel, die Glocken von St. Peter ersetzen nunmehr unsere Reisewecker.

Nach dem Check-in geht es zunächst zum Mittagessen; ich will eigentlich das nah gelegene, vom Hotel nur eine Querstraße weiter in der Via delle Fornaci gelegene Kult-Restaurant "Vittoria" empfehlen, Treff aller Journalisten und Vaticanisti, die hier die "latest news" aus der katholischen Welt erfahren wollen; aber die Hotelrezeption ist schneller ... und gibt den nach einem guten Mittagessen fragenden hungrigen Medizinern genau diesen Tipp weiter! Also - kurz frisch machen - und auf ins Vittoria!

Schmackhafte und wunderbar frische Pasta und ein vorzüglicher Hauswein - "Vino rosso e bianco, prego!" - versetzen uns bei strahlend blauem Himmel und milden Spätherbst-Temperaturen in gute Stimmung und spürbare Reiselaune!

Vittoria, Roma.

Nach dem Mittagessen ist "Roma per pedes" angesagt. Vom Petersdom vorbei an der Engelsburg über die Tiberbrücke führt uns der Weg zur Piazza Navona und Piazza della Rotonda zum Pantheon und weiter über die Via del Corso zur Spanischen Treppe. Diese wird allerdings gerade total-restauriert, ist deshalb nicht begehbar. Aber so steigen wir den Weg "daneben" hinauf, um in der "oberen Etage" Roms neben der Kirche "Trinita dei Monti" und dem berühmten Hotel

"Hassler" in den Park der Villa Borghese zu laufen, denn "ein Blick vom Pincio" über die Dächer und Kuppeln der ewigen Stadt in der Dämmerung bzw. bei Sonnenuntergang ist Pflichtprogramm. Stimmungsvoller lässt sich das Flair der "ewigen Stadt" kaum einfangen.

Pincio, Roma.

Wir genießen die einzigartige Aussicht und Stimmung in der Herbstsonne und begeben uns dann allmählich nach einer Siesta mit Zwischeneinkehr auf dem Weg zurück zur Piazza Spagna bei Bier, Wein und Gebäck am Spätnachmittag wieder in Richtung Petersplatz und unseres Hotels.

"Möchtet ihr in der Altstadt essen", frage ich unterwegs in die Runde der Ärzte-Fußgänger und habe schon als Vorschläge einige nette römische Adressen, etwa im Dunstkreis des Pantheons im Kopf.
"Oder ist ein kleiner Abendausflug in die pittoresken Restaurants nach Trastevere gewünscht?" stelle ich eine Alternative zur römischen Altstadt in Aussicht.

Aber die Mediziner sind sich überraschend einig: "Wir haben doch heute Mittag sehr gut im Vittoria gegessen. Sollen wir nicht heute Abend da auch wieder hingehen?"

Ich bin sehr einverstanden, weil ich das Vittoria im Dunstkreis der Citta del Vaticano atmosphärisch sehr mag und es zudem noch so wunderbar nah zu unserem Hotel liegt.

Und nachdem wir uns im "Michelangelo" kurz "erfrischt" und erholt haben, genießen wir bei bester Stimmung zum zweiten Mal an diesem Tag die kulinarischen Künste des Hausherrn Claudio im Vittoria. Selten trinkt man bei bester Pasta so einen tollen Hauswein! Kein Vergleich zu manchem vermeintlich schönen "Touri-Restaurant" auf der berühmten "Brunnenmeile" der

Piazza Navona, wo man für viel Geld qualitativ nur wenig bekommt!

Wir reden über Gott und die Welt, über Rom und Manoppello, und sind in einer harmonischen Runde vereint. So lässt sich der Tag genießen und begründet die Vorfreude auf den nächsten Morgen. Der Petersdom ist unser einstimmig beschlossenes Programm!

Und nach gutem Essen und wohlproportioniertem Weingenuss ist es in der Tat äußerst angenehm, schon wenige Augenblicke später sein schönes Hotelzimmer erreicht zu haben.

Es ist jetzt ruhig geworden auf dem Petersplatz, nur das Wasserrauschen der Brunnen ist noch zu hören, der legendäre, wohl 2.000 Jahre alte Obelisk wirkt wie die "Antenne in den Himmel"; er passt zum Petersdom und zur Atmosphäre dieses weltberühmten Platzes, es ist ein magischer Blick am Abend!

Das war ein guter Auftakt!

San Pietro, Vaticano.

4. Kapitel: Die "Veronika" im Petersdom

Aeneas ist am nächsten Morgen schon früh auf den Beinen. Nach einem schnellen Frühstückskaffee zieht es ihn in den nahen Petersdom. Wir versprechen, zeitnah nachzukommen, genießen aber zunächst unser Frühstück. Als wir dann irgendwann nach 9.00 Uhr den Petersplatz betreten, hat sich bereits eine lange Schlange mehr oder minder geduldig wartender Touristen gebildet, die ebenfalls in den Petersdom strömt. Aufgrund des heutzutage obligatorischen Sicherheitschecks bedeutet das aber, nicht unerheblich lange Wartezeiten akzeptieren zu müssen ... Per Mobile ("Handy") verständigen wir Aeneas, der in der Gunst der frühen Morgenstunde noch problemlos ohne Zeitverzögerung in den Dom hineinspazieren konnte und nun nach mentaler Abarbeitung des Audio-Guides dort auf uns wartet. Wir bitten um Geduld ... aber es dauert doch noch eine geschlagene Stunde, bis wir uns endlich zur Sicherheitskontrolle am nördlichen Eingang vorgearbeitet haben und nunmehr endlich an der Reihe sind, uns "durchleuchten" zu lassen und die Stufen des

Doms zu erklimmen. In der Kirche nimmt uns Aeneas in Empfang, der mit stoischer Geduld auf uns gewartet hat. Wir organisieren eine nette Domführerin, die unsere kleine Reisegruppe durch St. Peter führt, uns mit Ohrhörern ausstattet und sich per Mikro "auf Deutsch" verständigt. Aeneas ist mit der für ihn ja nunmehr wiederholten Führung einverstanden, hält das für eine gute Ergänzung seiner Audiotour am frühen Morgen.

Die Führung erschließt die wesentlichen "Hotspots" des Petersdomes, immer wieder beeindruckend ist der Blick auf die inzwischen in einem Glastresor gesicherte Pieta Michelangelos. Und immer wieder unerklärlich interpretierbar bleibt das Faszinosum, dass der begnadete Künstler Maria als junge Frau schafft, die jünger wirkt als ihr toter Sohn, den sie trauernd in den Armen hält.

Auf dem Weg "nach vorn" zum Petrusgrab passieren wir die Petrus-Statue mit dem abgewetzten Fuß, sichtbare Spuren der Verehrung jahrhundertelanger Pilgerströme.

Und schließlich stehen wir vor dem mächtigen Veronikapfeiler und blicken empor zur Veronika, die das Schweißtuch zeigt. Vom Balkon aus wird an jedem Passionssonntag hier kurz ein Tüchlein mit dunklen Flecken gezeigt, eingefasst in einen ausgezackten Rahmen, der formal eine Gesichtsform suggeriert.

Jahrhundertelang wurde dieses Tüchlein als das authentische Schweißtuch bezeichnet. Nach den Recherchen des Vatikan-Journalisten Paul Badde wissen wir aber inzwischen, dass auf diesem Tuch abgesehen von einigen Flecken bzw. Verfärbungen nichts zu sehen ist und dieses Tuch zudem von seinen Ausmaßen her gar nicht in den alten Veronikarahmen passt, der in der Schatzkammer des Petersdomes aufbewahrt wird und zudem ein Doppelglasrahmen ist. Sinn macht dieser nur, wenn man Vorder- und Rückseite eines "Bildes" darstellen will, etwa weil dieses transparent ist. All dies drängt sich für den Manoppelloschleier auf, der zudem auch von seinen Maßen her in den alten Rahmen mit dem gesplittertem Doppelglas passt.

Ich bin somit gespannt, was uns unsere charmante Reiseführerin zum Veronikapfeiler erläutert ... und angenehm überrascht, dass sie die These der "vera icona" im Petersdom nicht länger aufrechterhält, sondern lediglich auf die Veronika-Tradition, aber zugleich auch auf moderne Forschungsergebnisse verweist und sich insoweit völlig aus dem aktuellen Wissenschaftsstreit heraushält.

Das hat man vor einigen Jahren im Petersdom noch in einem völlig anderen Dogmatismus gehört!

Veronikapfeiler, Petersdom.

Natürlich defilieren wir abschließend auch am Grab des großen Papstes Johannes XXIII. vorbei. Sein Leichnam ist konserviert und wird seit dem Jahre 2000 hinter Glas aufgebahrt und ist seitdem stets das Ziel zahlreicher Pilgergruppen.

Und dann ist es Zeit zum Mittagessen! Bekannt und bewährt, vom Petersplatz nur durch die Unterführung hindurch ... und schon kehren wir wieder - zum dritten Mal (!) - bei Claudio im Vittoria ein ...
In herbstlicher Mittagssonne genießen wir draußen unser pastareiches Mittagessen mit Aqua Minerale e Vino Rosso e Bianco...

Am Nachmittag lassen wir uns mit römischer Taxifahrkunst zur Kirche Santa Croce in Gerusalemme fahren. Dort wird der "Titulus Crucis", das Fragment der berühmten Kreuzinschrift, häufig als "INRI" abgekürzt, aufbewahrt. Es gibt Historiker, etwa der bekannte Sachbuchautor Michael Hesemann, die mit nachvollziehbaren Gründen den "Titulus Crucis" als authentische Kreuzinschrift Christi erachten, die Kaiserin Helena, Mutter Konstantins des Großen, im Jahre 325 nach Rom verbringen ließ - in ihren Palst, die heutige Santa Croce-Kirche.
Die Holztafel ist 25 cm lang und 14 cm breit und besteht aus Nussholz; lesbar sind insbesondere die Wortteile:

... US NAZARENUS RE ...

Santa Croce in Gerusalemme, Roma.

Aufgrund der romtypischen Siesta verzögert sich der Besuch dieser Kirche allerdings zunächst etwas, da sie bei unserer Ankunft noch geschlossen ist. Ein kleines Cafe in der Nähe überbrückt uns die Wartezeit mit angenehmen Gesprächen sowie Kaffee und Gebäck bzw. Eis.

Nach dem Besuch der Kirche fahren wir zum Forum Romanum und Colosseum, dort trennen wir uns temporär, denn ich möchte noch kurz der Kirche "Il Gesu" in Roms Centro Storico, nur wenige Meter von der Piazza Venezia entfernt, einen Besuch abstatten. Es handelt sich nicht nur um die Grabkirche des Ignatius von Loyola, Begründer des Jesuitenordens; vielmehr wird dort eine alte Kopie der Veronikakopie aufbewahrt, die vermutlich im 16. Jahrhundert die "vera icona" während des Neubaus des Petersdomes ersetzt hat und ein mumienhaftes, flaches, recht konturloses Jesusantlitz mit geschlossenen Augen und einem breiten geschlossenen Mund zeigt. Dieser Wandel der "Veroniken" wird eindrucksvoll in den Inventarverzeichnissen des Vatikans über das "allerheiligste Schweißtuch der Veronika" von Giacomo Grimaldi dokumentiert: die Ausgabe 1618 zeigt auf der Titelseite (noch) das bekannte und charakteristische Volto Santo mit offenen Augen; die Ausgabe 1635 dokumentiert die Veronika hingegen als flaches Gesicht mit geschlossenen Augen. Dies ist offensichtlich die "neue" Veronika, die das Volto Santo irgendwann in den Wirren des "sacco di Roma" ersetzt hat und deren Kopie in "Il Gesu" verschlossen aufbewahrt wird. Welchen anderen Grund dieses "Gesichtswechsels" als das reale Verschwinden der "Ur-Veronika" sollte es dafür geben?

Leider bleibt mir der Anblick dieser Kopie verwehrt, sie wird nicht ausgestellt, sondern in der Sakristei in einem

Panzerschrank verwahrt, wie mir später Paul Badde erklärt. Nachfragen meinerseits bleiben in der Kirche unbeantwortet.

Grimaldi 1618:
Das bekannte Volto Santo.

Grimaldi 1635:
Der Wechsel des Volto Santo zu geschlossenen Augen.

Am frühen Abend treffen wir uns im Hotel Michelangelo wieder. Vorher husche ich noch kurz beim "I Quattro Mori" in der Via di Santa Maria Alle Fornaci vorbei, das Ludwig von Bochum aus für unser Abendessen vorgebucht hat. Dieses berühmte Restaurant - auch Johannes Paul II. wird dort als Gast verzeichnet - mit der unglaublichen Vorspeisenauswahl liegt nur eine Minute vom Hotel Michelangelo entfernt. Ich vergrößere den vorgebuchten Tisch von sechs auf acht Personen, weil wir abends noch das Ehepaar Badde erwarten.

Wir haben uns gerade, zwar mit Jacken bekleidet, aber draußen sitzend, eingefunden, als Paul mit seiner charmanten Ellen erscheint. Unser herzliches Wiedersehen schließt die gesamte Reisegruppe zwanglos mit ein, und so erleben wir einen hochinteressanten Abend, in dem wir uns über Gott und die Welt und natürlich Manoppello austauschen, permanent begleitet von den kulinarischen Gängen in einer unglaublichen Vielzahl an Vor- und Hauptspeisen, gutem Wein und einem großen Früchtekorb zum Abschluss. Und dann gibt es noch drei große Flaschen, "Fanta, Cola und Sprite", grinst der freundliche Ober im gebrochenen Deutsch. Ja, kommt von der Farbe hin, die Absacker bewegen sich aber doch mehr in Richtung Ramazzotti und Limonenliqueur etc.

Irgendwann geht dieser tolle Abend zu Ende.

Paul und Ellen verabschieden sich; auch sie haben es nicht weit nach Hause in ihre wunderschöne Wohnung in unmittelbarer Nähe zum vatikanischen St. Anna-Tor.

"Ich wünsche Ihnen morgen eine schöne Fahrt nach Manoppello, sehen Sie selbst ... und überprüfen Sie, was ich geschrieben habe ... und was" - Paul zeigt auf mich - "der Richter bestätigt!"

Wir verabschieden uns ... und freuen uns auf den nächsten Tag und auf Manoppello ...

I Quattro Mori, Roma.

5. Kapitel: Manoppello

Recht früh am Samstag morgen gegen 8.30 Uhr verlassen wir nach einem guten Frühstück unser schönes Michelangelo-Hotel neben San Pietro, und Rudolf steuert den angemieteten Siebensitzer sicher durch Roms Straßen, bis wir die Abruzzen-Autobahn A 25 in Richtung Pescara erreichen. Diese ist wie immer gut befahrbar und nachdem wir die wunderschöne Hügellandschaft mit kleinen Örtchen und pittoresken Häuschen, die "irgendwie in und auf die Felskuppen gebaut worden sind", genossen haben, erreichen wir knapp zwei Stunden später die Abfahrt "Manoppello".
Wir sind dem Abenteuer der Suche nach dem Schweißtuch Christi jetzt konkret auf der Spur! Es sind nur noch wenige Kilometer, bis wir über enge Landsträßchen zum Örtchen hinauffahren. Aber wir fahren nicht in das Städtchen hinein, sondern biegen links ab, längst ist das "Santuario Volto Santo" auf den kleinen braunen Hinweisschildern bezeichnet. Und dann schlängeln wir uns die letzten Meter die Via Cappuccini hinauf, denn der gediegene Landsitz, die von uns

gebuchte Villa Pardi, liegt auf derselben Strasse wie das Heiligtum, nur etwa 250 Meter unterhalb.

Rudolf steuert das Maxi-Auto durch die enge Toreinfahrt, wir sind da! Und belegen sämtliche sechs Zimmer des Gästehauses.

Villa Pardi, Manoppello.

Wir sind für 13.30 Uhr mit Schwester Petra-Maria verabredet, die uns durch die Kirche führen wird. Die bis dahin verbleibende Zeit nutzen wir zu einem kleinen Spaziergang zu dem äußerlich unauffälligen Restaurant "Lu Gattone" am Ortseingang. Das Hinweisschild mit der Entfernungsangabe "400 m" an der Contrada Carpelle ist nicht ganz wörtlich zu nehmen: verdoppelt man die Entfenung, steht man tatsächlich vor dem kleinen Weg, der zu dem bekannten Kultstübchen führt. Von außen her unscheinbar, entfaltet die gastfreundliche Familie ihre außergewöhnliche Küche, wenn man erst einmal Platz genommen hat. Eine Karaffe Wasser, eine Karaffe Rotwein, eine Karaffe Weißwein werden "eo ipso" serviert und diverse Vorspeisen - wir nehmen eigentlich alles, was der freundliche Bruder des Chefs uns in fließendem Italienisch erklärt: "Si, si, tutti... E pasta e ravioli...

Ein Festmahl in dem kleinen Stübchen, kulinarischer Hochgenuss in den Abruzzen.

Gegen 13.00 Uhr machen wir uns auf den Fußmarsch zum Santuario und treffen dort pünktlich kurz vor halb zwei Uhr ein. Schwester Petra-Maria von der deutschen Ordensgemeinschaft "Vita Communis" erwartet uns, führt uns in die Kirche, die eigentlich wegen der heiligen Mittagsruhe geschlossen ist. Mit dabei ist die Professorin für Kunst- und Architekturgeschichte und Gartenarchitektur, Melanie Luck von Claparede, zusammen mit ihrem Ehemann. Es ist ihre erste Begegnung in Manoppello. Seitdem sie vor einigen Jahren das hauchdünne Schweißtuch "für sich" entdeckt und als einzigartiges "vera icon" verifiziert hat, erforscht sie namentlich seine Bedeutung im kunsthistorischen

Kontext des Vergleichs zu anderen Christusbildern, die sich sämtlich hiervon ableiten lassen. Sie hält darüber aus kunsthistorischer Sicht wissenschaftliche Fachvorträge.

Hinter uns schließt Petra-Maria die Kirche zur "Siesta" ab, unsere Führung ist exclusiv. Die Kirche ist nicht beleuchtet, es ist recht dämmerig. Blickt man vom Eingang der Kirche, also "von hinten nach vorn" auf den Hochaltar, lässt sich das dort hinter Glas aufbewahrte Tüchlein in seinen äußeren Konturen erkennen, im Übrigen aber ein Gesicht ob seiner Transparenz bestenfalls erahnen.

Volto Santo di Manoppello.

Wir nehmen in der vorderen Reihe Platz, vor uns am Hochaltar befindet sich dauerhaft ausgestellt das in einem Schrein aus Panzerglas gesicherte Muschelseidentuch. Auch in der Annäherung im Dämmerlicht wirkt es zunächst blaß, beinahe farblos, ein Gesicht ist (nahezu) nicht zu erkennen, die Transparenz des Tuches ist somit nicht nur ein Phänomen des Gegenlichts, wie das ZDF im Jahre 2007 in seinem Karfreitagsbericht zu suggerieren versuchte, etwa wenn die Sonne durch das Fenster scheint.

Petra-Maria gibt in ihrem herrlichen Schwäbisch eine kurze Einführung.

Sodann beleuchtet sie mit einer Taschenlampe punktuell den Schleier, so dass sich im Lichtspot plötzlich Augen, Nase und Mund des Antlitzes in einem zarten Bronzeton konturieren. Sodann bittet sie uns die Stufen hinter dem Hochaltar hoch, nunmehr stehen wir dem Volto Santo gewissermaßen unmittelbar Auge in Auge gegenüber. Wir genießen das seltene Privileg, dass Petra-Maria den Schrein mit Erlaubnis des Rektors des Heiligtums, Padre Carmine Cucinelli, für uns öffnen darf.

"Er bedankt sich damit für Ihre Bücher", erklärt Petra-Maria auf meine Nachfrage. Und so können wir uns aus unmittelbarer Nähe von dem hauchdünnen Tuch und dem auf beiden Seiten durchscheinenden Antlitz überzeugen. Blickt man von schräg unten auf das Tuch, erhält man eine Art holografischen Eindruck. Je nach

Beleuchtung im Schrein sind die Wunden des Gesichts einmal klar konturiert, einmal beinahe vollkommen verschwunden. Ebenso einzigartig bleibt auch die Mundstellung, die einmal geschlossen, einmal erkennbar geöffnet ist. Derartige Effekte sind nur von Mehrschichtenbildern bzw. Holografien bekannt, nicht aber von jahrhundertalten Malereien, zudem auf einem derartig hauchdünnen Gewebe. Naturwissenschaftlich erklärbar ist all das nicht, jedenfalls nicht in dem Sinn, dass sich eine Enstehung "durch Menschenhand" schlüssig darlegen ließe.

Zu dem Phänomen des sich strukturell verändernden Mundes (!), der je nach Lichteinfall geschlossen und auch wieder geöffnet ist, lässt sich allenfalls hypothetisch vertreten, dass die Mundstellungen zu verschiedenen Zeiten "nacheinander" auf dem Tuch entstanden sind, was ihre Entstehung als "normales, künstlerisch produziertes Bild" noch unwahrscheinlicher macht.

Professor Giulio Fanti von der Universität Padua, Experte für mechanische und thermische Messtechnik und zerstörungsfreie Stoffuntersuchungen, überdies einer der weltweit profiliertesten Grabtuchforscher, verfolgt aktuell derartig interessante und durchaus nachvollziehbare Erklärungsansätze.

All diese Erklärungen, die ohnehin in metaphysische Sphären abgleiten, tangieren uns in diesem Moment nicht - wir stehen einfach nur schweigend vor dem Volto Santo...

Sr. Petra-Maria Steiner in Manoppello.

Das Volto Santo im UV-Licht.

Das Volto Santo im Bronze-/Goldschimmer bei "Lichtaktivität".

Anschließend führt uns Petra-Maria in die sich an den hinteren Teil der Kirche anschließenden Ausstellungsräume. Dort ist nicht nur der legendäre Papstbesuch Benedikts XVI. vom 1. September 2006 in Großfotos dokumentiert, sondern auch der aktuelle Forschungsstand dargestellt. Die spezifischen Lichtreaktionen der Muschelseide, auch als Gold der Meere bezeichnet, lassen sich hier in der Dokumentation eindrucksvoll nachvollziehen.

Überdies kann man anhand von drei übereinander schiebbaren Tafeln die Ergebnisse der Sopraposition simulieren. Eine Tafel bildet das Antlitz auf dem Turiner Grabtuch ab, die andere das Volto Santo di Manoppello und die dritte reproduziert das Bluttuch von Oviedo, das auf den ersten Blick "irgendwo auf dem Stoff" nur undefinierbare Blutflecken enthält.
Schiebt man die drei Tafeln nun übereinander, so erkennt man nicht nur in "Turin" und "Manoppello" EIN Gesicht, sondern unter weiterer Überlagerung mit "Oviedo" lassen sich die Blutströme exakt den Verletzungen aus Mund und Nase zuordnen, (auch) das Bluttuch von Oviedo wird plötzlich "sprechend", wo es zuvor ohne den Zusammenhang mit Turin/Manoppello

nur zusammenhanglose Blutflecken aufzuzeigen schien. Petra-Maria zeigt uns den erstaunlich gut sichtbaren Handabdruck im Tuch, der anatomisch korrekt verdeutlicht, wie das Bluttuch zum Auffangen des Blutes vor 2.000 Jahren auf das Gesicht Christi gepresst wurde.

Nachdem die beeindruckende Führung beendet ist und die Kirche nach der Siesta wieder aufgeschlossen wird, nehmen wir, angereichert mit all diesen Eindrücken, einen Absacker im Pilgerzentrum, das sich rechts neben dem Santuario befindet.

Schwester Blandina hat sich bereiterklärt, uns noch am selben Nachmittag ihre kleine Ausstellung im Ortskern von Manoppello zu zeigen. Ich frage die Ärzte, ob sie schon zu müde seien und den Tag nunmehr eher ruhig ausklingen lassen wollen oder noch in das Städtchen Manoppello zur Ausstellung Blandinas fahren wollen.

Die Antwort ist einhellig: "Wir wollen Schwester Blandina kennenlernen!"

Wir warten somit geduldig im Pilgerzentrum mit einem Gläschen Wein auf ihr Eintreffen.

Blandina wohnt unweit der Kirche auf dem von dort ziemlich ansteigenden Weg zu ihrer Einsiedelei, "Eremo Santa Maria", wo sie zugleich ein kleines einfaches, aber gemütliches Gästehaus für Pilger betreibt.

Gegen 16.30 Uhr trifft sie mit ihrem kleinen Auto ein, das sie wegen ihres Hüftleidens nutzt, um die gebirgigen Steigungen zu überwinden.

Markus van den Hövel begrüßt Schwester Blandina.

Nach der Begrüßung vor dem Pilgerzentrum folgen wir ihr mit unserer Großraumlimousine auf den anderen Hügel, auf dem sich das Städtchen Manoppello befindet. In zwei Räumen an dem kleinen Marktplatz hat sie eine Dauerausstellung eingerichtet, um auch dort Studien und Bilder des Volto Santo zu zeigen. Wir setzen uns im Halbkreis um Schwester Blandina und hören einfach zu, wie sie als authentische Zeitzeugin "ihre Geschichte" erzählt ... und als Ordensschwester in der Eifel in einem strengen Schweigeorden im Jahre 1979 erstmals ein Foto vom Volto Santo sieht, das ihr nicht mehr aus dem Kopf geht. Dieses Tuch bestimmt fortan ihr Leben. Mit einer unglaublichen Akribie beginnt sie zu forschen: Authentizität der Tücher in Turin und Manoppello unterstellt, müsste sich aus dem Antlitz von Turin und Manoppello EIN Gesicht ergeben, ist ihre ebenso einfache wie nachvollziehbare und bestechend rationale Überlegung. Anfänglich ist sie selbst skeptisch, bis sich ihre These zur Gewissheit verfestigt. Nunmehr wendet sie sich an Wissenschaftler, berühmte Sindonologen, wird aber erst Jahre später als seriöse Forscherin ernst genommen. Befürworter und Kritiker kommen seit dieser Zeit an Blandina nicht mehr vorbei.

"Ohne Blandina wären wir alle nicht in Manoppello", pflegt Paul Badde zu sagen. Dieser Satz geht mir durch den Kopf, während Blandina spricht. Sie ist und bleibt die authentische Zeitzeugin schlechthin, die in unserer Zeit dank Professor Pfeiffer und Paul Badde uns das legendäre Schweißtuch Christi zurück in das Bewusstsein geführt hat, wo es vor vielen Jahrhunderten bereits als solides Wissen verankert war.

Sr. Blandina P. Schlömer, Manoppello.

Spätestens mit dem Beginn des 13. Jahrhunderts pilgerten Menschen gerade wegen des Schweißtuchs Christi nach Rom, wie erst kürzlich wiederentdeckte Texte anschaulich belegen. Gewissermaßen als Erkennungsmerkmal der Pilger untereinander gab es sogar Pilgerkappen mit der Abbildung des Schweißtuches. Vermutlich bereits seit dem Jahre 705 befand sich das Tuch in Rom, wie ein altes Fresko über das

"Ciborium des Allerheiligsten Schweißtuchs" im Petersdom verdeutlicht.

Von 1506 bis 1608 wurde der Petersdom neu gebaut, auch aus dem Grund, für die Veronika einen mächtigen Tresor zu bauen, wie der Veronikapfeiler als einer der vier tragenden Säulen des Doms heute noch unschwer erkennen lässt.

Blandina referiert über ihre Entdeckung in die atemlose Stille der Zuhörer hinein.

Nur der profane Hinweis auf das Abendessen in der Villa Pardi beendet gegen 19.30 Uhr das "Auditorium". Der Eintrag in Blandinas Gästebuch und die herzliche Verabschiedung dokumentieren die bleibende Erinnerung.

Wir schaffen es noch gerade pünktlich zum Abendessen in unserer gediegenen Landvilla. Der runde Tisch ist gedeckt und neben dem Gruß aus der Küche und Pasta und Geflügel erfreuen wir uns an dem "flüssigen Gold aus den Abruzzen", dem herrlichen Pecorino-Wein "di San Lorenzo", den es nur in den Abruzzen gibt. Andernorts kennt man allenfalls den Pecorino-Käse.

Der köstliche Wein wird den Wünschen entsprechend reichhaltig nachgeschenkt ... und wir vergrößern unsere Tafel und bitten Melanie von Claparede und ihren Ehemann zu uns an den Tisch und diskutieren noch lange bei fortdauerndem Weingenuss über die heutigen Erlebnisse, Manoppello und "Gott und die Welt".

6. Kapitel: Rückkehr nach Bochum

Am nächsten Morgen bin ich früh um 7.30 Uhr in der Kirche, auch Jochen hat trotz des feucht-fröhlichen Abends bereits den Weg aus dem Bett im Gästehaus der Villa Pardi zum Santuario Volto Santo geschafft. Die recht gut besuchte Frühmesse gibt einen wunderschönen Blick auf das Volto Santo im Goldglanz der Beleuchtung im Glasschrein wieder, mit zunehmendem natürlichen Tageslicht wird das Antlitz in Bronze getaucht. Die schönen Gesänge der einheimischen Bevölkerung - warum singen die eigentlich immer viel melodischer als in deutschen Kirchen (?) - lassen die Müdigkeit schnell vergessen und uns rege an der schönen Gottesdienstgestaltung Anteil nehmen. Das ist schon ein Moment des "Gänsehaut"-Gefühls.

Nach der Kirche wartet das abruzzentypische Frühstück auf uns. Schwester Blandina schaut noch kurz herein, "auf einen Cappuccino", und dann verabschieden wir uns von der Schwester und von Manoppello, denn wir müssen schon kurz nach Mittag wieder am Flughafen in

Fiumicino sein, den Mietwagen zurückgeben und unser Flugzeug via Düsseldorf erreichen.

Alles funktioniert reibungslos, noch ein kleiner Imbiss vor dem Gate, dann Boarding ... und am späten Nachmittag landen wir in Düsseldorf und verabschieden uns alle herzlich voneinander mit vielen Eindrücken, die sicherlich nachwirken.

Vergessen kann und wird man Manoppello niemals - unabhängig davon, welche Erwartungen man hatte und wie man sich spirituell anregen lässt. Und dass das Antlitz der "reparierten" Wunden auf dem hauchdünnen Schleier mehr als ein kunstvoll gemaltes Bild ist, lässt sich nicht ernsthaft leugnen!
Manoppello verändert alles!
Es hat sich gelohnt!

7. Kapitel: Fakten zu Manoppello

Zum Schluss möchte ich die Fakten darstellen; denn häufig vergisst man, was alles tatsächlich bereits "zerstörungsfrei"(!) in Manoppello erforscht worden ist.

Der Beginn der "Manoppello-Story" in der Neuzeit wird letztlich schon durch Padre Pio, Italiens Nationalheiligen, im Jahre 1963 begründet. Sein Anblick rührt heute noch, knapp 50 Jahre nach seinem Tod, die Italiener zu Tränen. Der charismatische Pater in St. Giovanni di Rotondo, dessen Wundertaten in Italien jedes Kind erzählen kann, stigmatisiert, tausendfach verehrt, nicht zu allen Zeiten unumstritten, aber lange rehabilitiert, bekundet bereits im Jahre 1963: Das größte Weltwunder ist Manoppello!

Wie kann man 1963 in der Provinz von St. Giovanni di Rotondo eine solche Aussage zu einem Tuch treffen, das ein Jesusantlitz zeigt?
Nahezu niemand kennt den Schleier, nichts ist erforscht, eine Symbiose zu Turin nicht ansatzweise erkennbar!
Allein diese Aussage und dieser unglaubliche Weitblick

machen Padre Pio unsterblich; und damit beginnt diese unglaubliche Geschichte eigentlich erst:

Padre Pio stirbt 1968 in seinem Kloster - ein ganzes Land trauert! Exakt in dem Augenblick, der im Übrigen filmisch festgehalten ist, als er während seiner letzten, von ihm zelebrierten Messe in "seiner" Kirche in St. Giovanni di Rotondo in den frühen Morgenstunden des 22. September 1968 zusammenbricht, wird er in Manoppello im Chorgestühl vorne links auf dem ersten Platz gesehen! Seine letzten Worte in Manoppello sind überliefert: "Ich kenne mich selbst nicht mehr. Auf Wiedersehen im Paradies!"

Bezeugt wird dies von Pater Domenico da Cese, dem Guardian des Volto Santo in Manoppello (vgl. die beiden überaus sehenswerten Paul-Badde-Filme (bei kathtube inzwischen jeweils knapp 40.000 mal aufgerufen, auch über youtube (knapp 12.000 Aufrufe) abrufbar), der ihn in seinem Todeskampf im Heiligtum sieht und hört.

Padre Pio stirbt; und obwohl er St. Giovanni di Rotondo nicht mehr verlassen hat, stirbt er gewissermaßen auch in Manoppello - vor dem Volto Santo.

Domenico da Cese bekundet als Erster in der Neuzeit: Der Schleier von Manoppello ist nichts anderes als das authentische Schweißtuch aus dem Johannes-Evangelium!

Auch dies ist in den 60er und 70er Jahren eine im Wortsinn: unglaubliche Aussage, der von frommen Pilgern abgesehen, niemand ernsthaft Bedeutung schenkt!

Und wieder geschieht Unglaubliches:
Als Padre Pio 1968 in einem gigantischen Beerdigungszug zu Grabe getragen wird, ist der Guardian des Schleiers von Manoppello, Domenico da Cese, dort, wo er eigentlich immer ist: in Manoppello beim Volto Santo. Er betreut Pilger. Auch dies ist gut bezeugt und dokumentiert.

Und dann taucht im Jahre 2013 ein sensationelles Video des italienischen Fernsehsenders RAI Tre auf, das unzweifelhaft dokumentiert: Domenico da Cese nahm an der Beerdigung des in Italien hoch verehrten Padre Pio teil! Unverkennbar taucht er im Bild links vorn im Trauerzug auf.

Noch unter der "Schirmherrrschaft" des Padre Domenico da Cese findet im Jahre 1977 die erste als wissenschaftlich zu bezeichnende Untersuchung des Volto Santo statt. Auf Einladung des Psychologen Bruno Sammaciccia durchleuchtet ein ihm bekannter Techniker, der Kunstwerke zerstörungsfrei untersucht, den Schleier mit einer sogenannten Wood-Lampe. Deren polarisierende Strahlen offenbaren im langwelligen UV-Licht Details, die mit dem bloßen Auge regelmäßig nicht erkennbar sind. Jedoch reagiert der Schleier zur allgemeinen Verwunderung nicht auf das Wood-Licht, das Licht geht gewissermaßen in die Leere, die Silber- und Holzrahmen hingegen reagieren mit intensiver Farbe und Leuchtkraft. Sammaciccia konstatiert, dass "irgendetwas im Schleier nicht den bekannten physikalischen Gesetzen folgt".

Mir ist keine Überlieferung der Reaktion des Padre Domenico da Cese bekannt; aber es dürfte einer realistischen Einschätzung, ohne in Fantasie abzugleiten, entsprechen, dass er mit Freude und Euphorie das Ergebnis der Woodlight-Bestrahlung zur Kenntnis genommen hat, ist es doch die erste - verifizierbare - Bestätigung seiner These, bei dem Schleier aus dem Material "feiner als Spinnengewebe" handele es sich um nichts anderes als das im Johannes-Evangelium beschriebene Schweißtuch Jesu, auf dem sich, naturwissenschaftlich unerklärlich, nicht gemalt und nicht von Menschenhand ("acheiropoietos"), dessen Antlitz abgebildet habe.

Jedenfalls ist der Guardian des Tuches, Domenico da Cese, nunmehr bemüht, sein Wissen weiterzugeben und aus der Provinz der Abruzzen in die Welt, zumindest zunächst ins "restliche" Italien hinauszutragen. Welche Gelegenheit böte sich da zeitnah besser an, als an der weltweit beachteten Konferenz der Grabtuchforscher in Turin im Jahre 1978 teilzunehmen? Wo könnte man effizienter, mit der Aussicht Gehör zu finden, das Wissen um das "kleine" Grabtuch verbreiten als gegenüber den aus aller Welt zusammengekommenen Wissenschaftlern, die gerade das "große" Grabtuch neu entdecken und wissenschaftlich zu erkunden suchen?

Domenico da Cese reist nach Turin ... und genau dort, anlässlich der Teilnahme an der Grabtuchkonferenz 1978, kommt er ums Leben, ein "Cinquecento", also ein kleiner Fiat 500, erfasst den großen Mann so schwer, dass er den Verletzungen einige Tage später erliegt, nachdem er zuvor noch den geschockten Unglücksfahrer getröstet hat, er solle sich keine Gedanken machen ... Er lässt gewissermaßen sein Leben für das kleine Grabtuch in Manoppello, das er dort im Kreis der Sindonologen, also der sich weltweit rekrutierenden Grabtuchforscher, publik machen wollte.

Diese melodramatische Geschichte nimmt indes ein italienischer Journalist, Renzo Allegri, zum Anlass, zum ersten Mal das Volto Santo von Manoppello in dem italienischen Boulevard-Magazin "GENTE" über mehrere Seiten zu thematisieren. Und damit überwindet das Muschelseidentuch gewissermaßen die Grenze der beschaulichen Abruzzen.

Diese Geschichte wird übersetzt - die deutsche Fassung in einem frommen Kirchenblatt fällt irgendwann einer deutschen Ordensschwester in der Eifel in die Hände, Schwester Blandina Paschalis Schlömer. Sie ist nicht nur eine examinierte Pharmazeutin und ausgebildete Ikonenmalerin, sondern gleichermaßen klug und beharrlich.
Ein zweites Christusbild neben Turin kann es nicht geben, ist sie anfänglich überzeugt und lehnt das

Manoppello-Antlitz als nicht authentisch ab. Aber die Augen dieses Gesichts verfolgen sie, der Blick lässt sie nicht mehr los ... Und dann wird diese völlig unglaubliche Geschichte mit einer unerklärlichen Eigendynamik in Gang gesetzt. Wenn dieses Jesusantlitz wirklich authentisch sein soll, dann muss es auch dem Turiner Antlitz entsprechen, dann muss es deckungsgleich sein! Und mit diesem bestechend blitzgescheiten Denkansatz fängt sie an, Kirchengeschichte zu schreiben.

Schwester Blandina fertigt Kopien der Antlitze, legt diese übereinander und begründet damit die "Sopraposition": aufgrund der von ihr erkannten Ähnlichkeiten ist sie sicher, es handele sich um ein und dasselbe authentische Gesicht. Aber noch vermag ihr die Wissenschaft nicht zu folgen, noch hindern die Ungenauigkeiten durch die Folienkopien den sicheren Schluss auf das kongruente Gesicht. Erst die Präzision der PC-Technik verhilft ihr zum Erkenntnisdurchbruch: Manoppello und Turin zeigen tatsächlich ein und dasselbe Gesicht! Wunden im Manoppello-Antlitz sind allerdings bereits "repariert", das Gesicht ist lebendig, für Schwester Blandina ist es nicht mehr das Gesicht des Toten (im Turiner Tuch), sondern das Gesicht des Auferstandenen!

Sie kann den berühmten Kunsthistoriker Professor Heinrich Pfeiffer von der Gregoriana in Rom für ihre These gewinnen.

Prof. Heinrich Pfeiffer erklärt: Das ist die Veronika im Sinne der vera icona, das "Wahre Antlitz"! Wie lange habe ich nach diesem authentischen Christusbild gesucht! Als ich es sah, wußte ich, dass dies das Tuch ist, nachem ich immer gesucht habe!

Und nun kommt Bewegung in die unglaubliche Geschichte. Der Schleier wird im Laufe der Folgezeit zahlreichen - zerstörungsfreien - Untersuchungen unterzogen.

Nachdem das Volto Santo durch die tragische Geschichte des Domenico da Cese über die Provinzgrenzen hinaus etwas bekannter geworden ist, findet im Jahre 1984 wieder eine - zerstörungsfreie - wissenschaftliche Untersuchung statt, nunmehr mit Infrarotlicht, noch im eher kleinen Rahmen, sechs Jahre nach der aufsehenerregenden großen Forschungsaktion zum Turiner Grabtuch.
Mir ist das erst vor kurzem wieder eingefallen, ich

befrage Schwester Petra-Maria in Manoppello nach Materialien.

"Gibt es noch Unterlagen hierzu? Irgendwelche Dokumente dieser ersten Untersuchung?"

Sie hat in ihrem kleinen Büro innerhalb der Kirche zahlreiche Informationen über das Volto Santo archiviert; und sie wird in der Tat fündig und stellt mir freundlicherweise daraufhin die entsprechenden Bilder nebst dem Untersuchungsergebnis zur Verfügung. Ich bin gespannt und will diese Infrarotbilder mit anderen Infrarotaufnahmen historischer Gemälde vergleichen und analysieren.

Daraus ergibt sich, dass der Fotograf Cati vor einigen Jahren Infrarotfotos gemacht und diese in einem Fachinstitut in Rom hat analysieren lassen. An einem Abend im Büro von Padre Carmine stellt er seine Ergebnisse vor und gibt an, es handele sich nach den Auswertungen des Instituts um eine einzige Substanz, das Bild sei vollkommen uniform, wie aus einem Guss und einem Material.

In dem technischen Report des Instituts CEMAMIF in Rom vom 30. Mai 1984 heißt es nach der Auswertung diverser Infrarotlichtbilder von G. Cati:

The image does not show traces of drawings or pre-existent impresses not even signature or mark by the author.

The cloth seems to be a raw yarn of a unique type and does not show signs of inlayings, embrioderies or patches.

Vorab: Ohne diese Ergebnisse - für sich allein - überbewerten zu wollen, sind es doch erste spannende Ergebnisse über die Eigenschaften des geheimnisvollen Tuches mit dem Volto Santo.

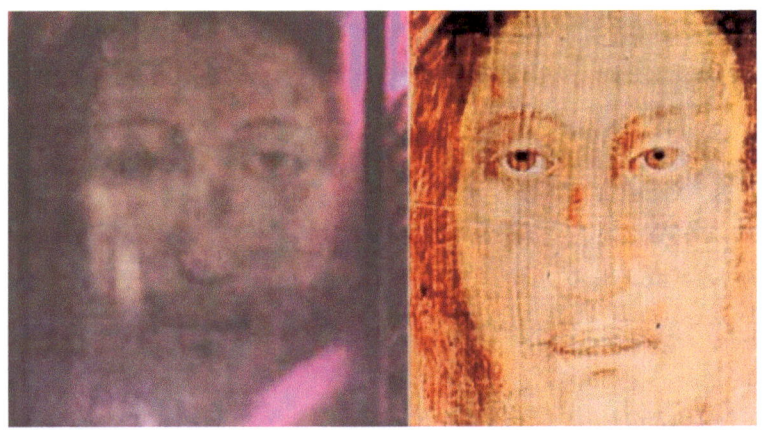

Das Volto Santo im UV-Licht   ... und im IR-Licht.

Und dieses erste Ergebnis deckt sich mit späteren, hochaktuellen Infrarot- und UV-Lichtaufnahmen, die Prof. Giulio Fanti angefertigt hat. Die Ergebnisse sind gerade jetzt im Oktober 2018 von den Wissenschaftlern **Liberato de Caro** (Bari) / **Emilio Matricciani** (Mailand) und **Giulio Fanti** (Padua) unter dem Titel "Imaging Analysis and Digital Restoration ot the Holy Face of Manoppello "veröffentlicht worden.

Im UV-Licht sind manche Partien nicht oder kaum sichtbar, der Mund verändert sich, die Zähne "verschwinden", ebenso die Augenpupillen, Iris und Barthaare. Möglicherweise sind sie später "nachgezeichnet" worden, irgendwelche fluoreszierenden Signale, die auf organische Substanzen, Öle, Fette, Wachs hindeuten, fehlen.

Dies deckt sich verblüffend stimmig mit den fotografisch brillant dokumentierten Ergebnissen - die Fotos werden im 360-Grad-Winkel, "rund um das Volto Santo" gefertigt - der im Auftrag der Universität Danzig forschenden polnischen Wissenschaftler Aszyk und Treppa, die insbesondere die sich je nach Beleuchtung und Winkel verändernde Mundpartie des Christus-Antlitzes eindrucksvoll und zweifelsfrei belegen.

Die Infraotaufnahmen zeigen den sonst bei Gemälden typischen Verlauf etwaiger Vorzeichnungen nicht. Die üblichen Infrarotaufnahmen alter Gemälde dokumentieren in der Regel den Entstehungsprozess des Kunstwerks gut, da sie frühere Bildspuren sichtbar machen, etwa Vorzeichnungen oder zunächst anders konzipierte Bildverläufe.

Selbst Leonardo da Vincis Meisterwerk, die berühmte "Mona Lisa" wurde vom Meister übermalt, somit von demjenigen, der ja hartnäckig immer wieder in populären Thrillern als Schöpfer des berühmten Grabtuches bezeichnet wird. Aber auch das Genie musste sich selbst "korrigieren". Im Jahre 2006 berichtete die "Welt", dass die Untersuchung des Bildes mit einer Infrarotkamera ein durchsichtiges Überkleid über dem dunklen Gewand offenbarte. Das über der Schulter geraffte, gazeartige „guarnello", das italienische Frauen trugen, wenn sie schwanger waren, war bisher nicht zu sehen. Zwar war Lisa del Giocondo nicht mehr schwanger, als Leonardo 1503 von Francesco Gio-

condo, ihrem Mann, den Porträtauftrag bekam, doch die Wissenschaftler vermuten, Giocondo habe das Bild aus Freude über die Geburt seines dritten Kindes und für sein neues Haus bestellt. Manchmal sind sich Wissenschaft und Halbwissenschaft eben doch näher als gedacht, auch wenn das eher die Ausnahme ist.
Nun kann das Team des Centre de Recherche et de Restauration des Musées de France (C2RMF) die Behauptung widerlegen, Leonardo habe eine seiner heimlichen Geliebten gemalt oder gar sich selbst. Vielmehr hat er einen Auftrag ausgeführt und zweifelsfrei eine verheiratete Frau gemalt. Denn im Infrarotlicht zeigt sich: Die Mona Lisa trägt keineswegs offene Haare sondern hat aus ihrer ehefrauentypischen strengen, am Hinterkopf zusammengenommenen Frisur nur einige Strähnchen herausgezupft. Das entspricht der Mode der Zeit. Alles andere würde sie als Frau mit schlechtem Lebenswandel denunzieren, was Laien gern getan haben...
Vergleichbare Änderungen werden auf anderen Gemälden gleichfalls sichtbar.

All das gibt es beim Volto Santo nicht! Auf dem hauchdünnen Schleiergewebe sieht man nichts davon.

Keine Vorzeichnung, keinen Verlauf. Es gibt keinen Entstehungsprozess vor der jetzigen Bildgebung! Das ist jedenfalls bemerkenswert und für große bzw. bedeutende Gemälde selten. Welcher Künstler malt gewissermaßen "in einem Zug" durch, ohne abzusetzen und kleinere oder größere Änderungen vorzunehmen? Der vermeintliche Künstler und Schaffer des Volto Santo, um die Gegenthese des von Menschenhand stammenden Gemäldes wieder zu bemühen, müsste in einem Zug "durchgemalt" haben, ohne jegliche Korrektur, ohne "doppelten" Strich und ohne Abweichung von seiner Planung. Und das auch noch ein zweites Mal - ebenso hauchdünn auf der Rückseite des Schleiers!
Wie sollte das möglich sein?

Diese neuesten Ergebnisse bestätigen letztlich - mit weiteren Differenzierungen zur Unerklärlichkeit - die früheren Untersuchungen.

Professor Donato Vittore aus Bari erkennt im Jahre 1999 mit hochauflösenden Scannern, wie sie in der Weltraumtechnik eingesetzt werden, in dem Schleiertuch ein "Bild" ohne jede Farbe und organische Substanzen! Es gibt keine Farb- und Farbverlaufspuren.

Es ist ein Abbild ohne jede Maltechnik! Auch eine Abdruckentstehung schließt er aus, da das Abbild auf beiden Seiten gleich gut erkennbar sei. Keine Seite des Volto Santo sei entstehungsmäßig als Vorder- und Rückseite zu definieren.

Professor Andreas Resch aus Österreich, ein Experte für paranormale Vorgänge, vergleicht das Antlitz auf dem Turiner Tuch mit demjenigen in Manoppello. Nach der Definition zahlreicher Konkordanzpunkte auf beiden Gesichtern konstatiert er, dass die Kongruenz zu Turin jenseits der Zufallsgrenze - bei 100 % - liege.

Auch die Frage, aus welchem Material der Schleier ist, wird beantwortet. Chiara Vigo aus Sardinien, ist die letzte noch praktizierende Byssusweberin der Welt. Byssus, nach heutigem Verständnis als Muschelseide bezeichnet, wird als die Fäden der Großen Steckmuschel, Pina Nobilis, definiert, mit denen sich diese am Meeresboden anhaften. Chiara Vigo bezeugt vor dem Volto Santo: Das ist Muschelseide! So fein, wie ich sie noch nie gesehen habe!

Professor Giulio Fanti aus Padua, ein Experte

zerstörungsfreier Untersuchungen, zugleich einer der profiliertesten Grabtuchforscher, bestätigt bereits im Jahre 2001 die Ergebnisse des Prof. Vittore. Das Volto Santo ist nicht gemalt!

Professor **Giulio Fanti** will in einer späteren Untersuchung im Januar 2007 13 Farbpigmente auf dem hauchdünnen Tuch festgestellt haben. Entgegen zahlreicher Fehlzitate, lanciert etwa durch das Zweite Deutsche Fernsehen in einem reißerischen Bericht am Karfreitag, den 6. April 2007, konstatiert er aber unmissverständlich, dass (etwaige) Farbpigmente nicht für die Abbildentstehung verantwortlich sind.

*"In Übereinstimmung mit Prof. Vittore befinden sich in den Zwischenräumen von Faden zu Faden **keinerlei Pigmente oder sonstige Ablagerungen.***
***Es findet sich keinerlei Art von Pigment mit einem Durchmesser größer als 10 Myometer, das für die Färbung des Fadens verantwortlich gemacht werden könnte;** nach dem Vorhandensein eventueller Pigmente muss daher in Partikeln gesucht werden, die **kleiner sind als jene, die sich mittels Aquarelltechnik auftragen lassen** ...*

*In einigen Bereichen des Bildes auf dem Schleier hat man jedoch das Vorhandensein von Pigmenten in einer Korngröße von 15 Myometer festgestellt, die - **auch wenn sie nicht primär für die Bildentstehung verantwortlich zu machen sind** - von einem mittelalterlichen Maler **hinzugefügt** worden sein könnten, um den Ton der bereits verblassten Farbe aufzufrischen..."*

(Fettdruck durch mich).

Professor Fanti fügt hinzu: "Manoppello kann ich am ehesten als acheiropoietos (nicht von Menschenhand gemacht) einordnen".

Wenige Wochen später erhält **Professor Pietro Baraldi** von der Universität in Modena, einer der renommiertesten Experten der Raman-Spektroskopie, den Auftrag, die Ergebnisse von Giulio Fanti zu überprüfen. Am 30. April 2007 führt er in Manoppello seine zerstörungsfreie Untersuchung durch. Er kann keine Farbsubstanzen ramanspektroskopisch feststellen; er kann es nicht fassen, er spricht vom Mysterium!

Ich zitiere seinen Kernsatz, der die Essenz seiner Untersuchungen ausdrückt:

"Es gibt keine Spektren bekannter Substanzen, die heutigem Wissen gemäß bei irgendwelchen Maltechniken der Vergangenheit verwendet wurden.
Die vorhandenen Spektren zeigen lediglich die Beschaffenheit der Faser an, die aus Eiweiß besteht."

Ich füge hinzu, dass Professor Baraldi zusätzlich eine Untersuchung mit seiner Wood-Lampe durchführt, die ebenfalls die vollkommene Leere des Schleiergewebes bestätigt; der Rahmen reagiert, der Schleier nicht!

Im Ergebnis werden damit die Schlussfolgerungen aus den frühen Infrarotaufnahmen von Cati mit anderen Untersuchungsmethoden bestätigt.

All dies publiziert der deutsche Journalist Paul Badde, akkreditiert beim Vatikan für die WELT im Jahre 2005 und in der Neuauflage 2006 in seinem großen Werk über "Das Göttliche Gesicht".

Und die Zeit entwickelt eine verblüffende Eigendynamik:

Als ich am 1. Mai 2006 erstmals ich Manoppello bin, wird das Paul-Badde-Buch schon in die polnische Sprache übersetzt; und nur 4 Monate später, am 1. September 2006, besucht Papst Benedikt XVI. Manoppello! Die Fernsehkameras der Welt übertragen diese Begegnung des Papstes vor dem Christusbild in alle Winkel der Welt.

Der Bestseller von Paul Badde findet weltweite Beachtung und erscheint inzwischen darüber hinaus auch in italienisch, englisch, französisch und niederländisch. Und die Entwicklung schreitet voran: zurzeit entdecken vor allem die Philippini das Volto Santo di Manoppello! Und das Buch von Paul Badde verkauft sich auch nach 12 Jahren weiterhin weltweit.

Diese Geschichte ist in all ihren Facetten so groß, dass man sie sich nicht ernsthaft ausdenken kann!

Inzwischen sind weitere Forschungen erfolgt. Und wieder haben die Naturwissenschaftler das Wort. Eigentlich schon Jahre zuvor, aber das nimmt zunächst niemand richtig zur Kenntnis.

Bereits im Jahre 2010 findet eine spannende Untersuchung statt, deren Bedeutung im deutschsprachigen Raum nicht erkannt wird. Ich muss selbstkritisch eingestehen, dass ich erst fünf Jahre später den Artikel im Detail erfasse, zuvor habe ich als „basics" die Kongruenz zwischen dem Turiner Grabtuch und dem Schleier von Manoppello überflogen und die Details, die ich offensichtlich als „Kleinigkeiten" erachtet habe, nicht hinreichend beachtet. Ich hatte aber auch mit derartigen Ergebnissen nicht gerechnet. Andere offensichtlich auch nicht; bis zum Jahr 2015 wird dieser Beitrag im deutschsprachigen Raum auch in diversen neuen Schriften zum Muschelseidentuch nach meinem Kenntnisstand nicht erfasst.

Der polnische **Chemie-Professor Jan Jaworski** aus Warschau und der schon mehrfach erwähnte Experte für zerstörungsfreie Untersuchungen, **Giulio Fanti**, Professor für mechanische und thermische Messverfahren, kommen auf die Idee, dem Schleier weitere Geheimnisse zu entlocken durch die Anfertigung von 3-D-Aufnahmen. Offensichtlich lassen sie sich hier von vergleichbaren Studien des Turiner Grabtuches leiten.

Eine spannende Untersuchung der Naturwissenschaftler Jan Jaworski und Giulio Fanti dokumentiert eindrucksvoll die vollkommene Rätselhaftigkeit des Schleiers. Es ist ein Experiment mit einem überraschenden Ergebnis. Jaworski und Fanti wollen eigentlich nur untersuchen, ob das geheimnisvolle Tuch auch 3-D-Eigenschaften aufweist - ähnlich wie das Turiner Grabtuch.

Und tatsächlich: der Computer kann auch insoweit die dritte Dimension des "Bildes" errechnen, wenngleich der Effekt deutlich schwächer als beim Turiner Tuch ist.

Das Verblüffende besteht aber darin, dass die Höhen und Tiefen des Gesichts "irgendwie" nicht stimmig sind: so liegen etwa die Augenbrauen nicht auf der Unterseite der Stirn auf, sondern sind in diese bzw. in das Gesicht "hineingezogen", sind somit konkav anstatt konvex! Höhen und Tiefen des Gesichts vertauschen sich gewissermaßen.

Den beiden Naturwissenschaftlern kommt eine Idee: sollte der Schleier etwa ähnliche "Negativ"-Eigenschaften wie das Turiner Tuch aufweisen - obwohl das Gesicht ja, anders als eben der Abdruck auf der

Sindone, ein klar konturiertes "Positiv"-Bild ist?

Also drehen sie das Bild um - und tatsächlich: im Negativ-"Bild" stimmen die Konvex/Konkav-Proportionen wieder!

3-D-Positiv.   **3-D-Negativ.**

Diesen für mich zunächst völlig unglaublichen Effekt simuliere ich am heimischen Computer: ich schaffe mir gewissermaßen selbst das Negativ, indem ich den PC die Farben entsprechend vertauschen lasse ... und schon kann ich mühelos nachvollziehen, wie das 3-D-Bild sich wieder in die "richtigen" Höhen und Tiefen verwandelt. Heute am PC kein Problem! Aber wie hätte ein potentieller Fälscher im Mittelalter dieses Wissen der

Farbvertauschung in der Dreidimensionalität (!) haben können?

Und die bereits angesprochene, jüngste Untersuchung der Wissenschaftler **de Caro / Matricciani** und **Fanti** fördert eine weiteres unglaubliches Detail ans Tageslicht, einen Effekt, den Sr. Petra-Maria unserer Reisegruppe bereits im Herbst 2015 gezeigt hat. Nur im Gegenlicht sind die Rötungen der Wunden auf dem Gesicht Christi zu sehen. Bei direktem Licht "verschwinden" die Wunden. Die aktuelle Untersuchung stützt dies auf die These, dass die Rotfärbungen in einer größeren Tiefe des Schleiers sitzen und folglich vor (!) dem eigentlichen Antlitz entstanden sind! Die Wissenschaftler konstatieren, es bleibe unerklärlich, wie auf diesem dünnen Stoff ein derartiges Ergebnis überhaupt erzielbar ist.

Interessant ist insoweit aber auch die Parallele zum Turiner Tuch: auch hier war das Blut früher da als der Abdruck, denn unter den Blutflecken ist gerade kein Abdruck entstanden!

Welche Erkenntnisse sind daraus zu ziehen?

All diese - neuen - Umstände machen das Geheimnis noch größer, und die Berechtigung, vom „Manoppello-Code" zu sprechen, steigt. Denn welcher Maler, der als potentieller Fälscher ja immer wieder in die Waagschale der Kritiker geworfen wird, hätte zunächst die Wunden anatomisch korrekt darstellen und dann erst das Antlitz "drumherum" produzieren können? Und weiterhin eine derartige Vertauschung, für uns erst im 3-D-Negativ sichtbar, künstlerisch produzieren können? Zumal in der ihm zugerechneten Zeit des Mittelalters, als niemand wusste, was ein Foto ist, geschweige denn ein Fotonegativ! Und auch wenn es „Camera obscura"-Effekte schon gab – die Verfechter der Leonardo-da-Vinci-These werden nicht müde, ihn als Konstrukteur entsprechend fotografisch hergestellter Grabtücher zu bezeichnen – hätte ein zeitgenössischer Künstler zumindest die Konvex/Konkav-Vertauschung nicht ernsthaft in Erwägung gezogen. Dafür gab es nun wirklich überhaupt keinen Anhaltspunkt! Und auch Dürer, der ja von den Manoppello-Kritikern immer wieder als Konstrukteur des Volto Santo benannt wird, hätte ein derartiges Wissen nicht gehabt; jedenfalls keines seiner Werke ist in dieser Hinsicht auch nur ansatzweise mit dem Volto Santo di Manoppello vergleichbar.

Ein Umstand ist klar: es wird nur zerstörungsfreie Untersuchungen am Volto Santo di Manoppello geben. Und das ist auch gut so. Zum einen weiß niemand, was mit dem hauchdünnen Stoff geschieht, wenn man den Rahmen öffnet. Zum anderen ist das Tuch viel zu klein und fragil, um wissenschaftliche Zerstörungen, und seien sie im Randbereich des Stoffes, zuzulassen. Zum anderen zeigen gerade die Untersuchungen am "großen" Turiner Grabtuch mit der Entnahme von Stoffproben im Randbereich eindrucksvoll die Problematik derartiger Untersuchungen, etwa im Hinblick auf die C 14-Analyse. Ob sie Klarheit bringen, bleibt streitig, Einigkeit erzeugen sie jedenfalls aus vielen Gründen nicht.

Und so werden auch die Kritiker nicht müde, weiter gegen die dokumentierte Faktenlage vom "gemalten" Bild als besonderer Form der Tüchleinmalerei zu sprechen.

Einen der Hauptkritiker kann ich im Herbst 2017 zusammen mit Paul Badde nach Manoppello einladen. Vor dem Schleier ist er stumm, seine Untersuchung des

Schleiers im UV-Licht fördert "nichts" zutage, keine Hinweise auf Malspuren oder Vorentwürfe, etc.
Seine Skepsis, an das Wunder zu glauben, bleibt indes bestehen ...

Die an ihn gerichtete Bitte, doch vergleichbare Exponate der Tüchleinmalerei zu benennen oder gar selbst das Schleiertuch zu imitieren, verhallen ...
Es gibt kein vergleichbares Objekt weltweit!

Bleibt abschließend die Frage:
wieso ist der "Salvator Mundi" von Leonardo da Vinci, das mit 450 Mio Dollar teuerste Gemälde der Welt, abgesehen von der Augenpartie so unglaublich maßstabsidentisch mit dem Volto Santo?
Offensichtlich hatten die großen Künstler ihrer Zeit das Ur-Bild der "Veronika" derart verinnerlicht, dass sie aus der Erinnerung heraus - nahezu und im Detail - maßstabsgerecht malen konnten!

Wer jetzt dieses Meisterwerk im Louvre in Abu Dhabi bewundern kann - dort soll es ja seine neue Heimat finden -, sieht somit zugleich das Volto Santo di Manoppello, das authentische Christusbild aus den

Abruzzen! Wie viele Besucher sich dieses Umstands wohl bewusst sind?

Salvator Mundi.   **V.S. di Manoppello.**

8. Kapitel: Von Jerusalem nach Manoppello

Unsere Reise war ein verlängerter Wochendtrip, eine beeindruckende Vier-Tage-Tour; die Reise des Volto Santo hingegen dauert nun schon 2.000 Jahre.

Die Stationen werden auf der unten abgebildeten Landkarte im einzelnen verdeutlicht, zum Teil sind es übereinstimmende Legenden, die - relativ gesichert - Aufschluss über Zeit und Ort der Veronika geben.

Seit dem Jahre 705 ist die historische Faktenlage deutlich gesicherter; nach dem Verschwinden aus dem Petersdom gelangte das geheimnisvolle Tuch jedenfalls vermutlich im 16. Jahrhundert nach Manoppello. Dort ist es noch heute. Und dort haben wir es gesehen. Ob es irgendwann nach Rom zurückkehrt?

Es bleibt abzuwarten ...

Die Landkarte des Volto Santo.

Herzlichen Dank an die Reisegruppe für die wunderschöne Kurzreise im Herbst 2015!

ich danke Paul und Ellen Badde für den wie immer anregenden, schönen und interessanten Abend in Rom,

weiterhin Paul für all seine meisterhaft publizierten Erkenntnisse, die ich durch ihn gewinnen durfte,

Schwester Petra-Maria für ihre beeindruckende Führung und

Schwester Blandina für ihren authentischen Vortrag in ihrer Ausstellung zum Volto Santo.